AF370065

VENTE DES LUNDI 17 & MARDI 18 DÉCEMBRE 1900

HOTEL DROUOT, SALLE N° 10

à deux heures

OBJETS DE LA PERSE

IMPORTANTE PLAQUE DE REVÊTEMENT

à reflets métalliques

EN ANCIENNE FAIENCE DE PERSE

CARREAUX, VASES, COUPES, BOLS, PLATS

CUIVRES, FERS, ARMES, OBJETS VARIÉS

ÉTOFFES

Nombreux Tapis

Appartenant à son Excellence Gavame DEFTER

SECRÉTAIRE PARTICULIER DU GRAND VIZIR

Et ayant figuré à l'Exposition universelle au pavillon de la Perse

---

EXPOSITION PUBLIQUE

LE DIMANCHE 16 DÉCEMBRE 1900

DE 1 HEURE 1/2 A 5 HEURES 1/2

COMMISSAIRE-PRISEUR	EXPERTS
Mᶜ PAUL CHEVALLIER	**MM. MANNHEIM**
10, rue Grange-Batelière, 10	7, rue Saint-Georges, 7

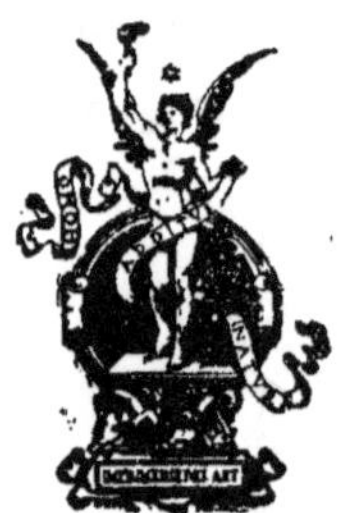

CONDITIONS DE LA VENTE

Elle sera faite au comptant.

Les acquéreurs paieront *cinq pour cent* en sus des adjudications.

L'exposition mettant le public à même de se rendre compte de l'état et de la nature des objets, il ne sera admis aucune réclamation une fois l'adjudication prononcée.

Paris. — Imp. de l'Art, E. Moreau et Cⁱᵉ, 41, rue de la Victoire.

DÉSIGNATION

CUIVRES, FERS, ARMES

1 — Deux vases, cuivre gravé : personnages et fleurs. Perse.

2 — Plusieurs pièces de cuivre variées. Perse.

3 — Aiguière et bassin, fer damasquiné et doré, à décor d'arabesques. Perse.

4 — Casque, deux brassards et rondache, ornés de personnages. Perse.

5 — Hache d'armes persane.

6 — Deux bols et quatre plats : fleurs et personnages; fer partiellement doré. Perse.

7 — Pulvérin, ivoire.

8 — Cartouchière persane.

9 — Aiguière et bassin en fer, à décor de fleurs gravées et damasquinées. Travail persan.

10 — Éléphant en fer damasquiné. Travail persan.

11 — Coupe avec plateau en fer gravé et damasquiné, à décor de fleurs.

12 — Rondache persane en peau de rhinocéros, avec bossettes en fer gravé.

13 — Casque, rondache et brassard persans, en fer ajouré et damasquiné, ornés d'inscriptions.

14 — Deux couvre-plats en fer, décorés de fleurs polychromes.

15 — Poignard persan, à manche de cuivre émaillé, à décor de fleurettes, avec fourreau.

16 — Deux couteaux persans, lames en damas incrusté, poignées en agate et ivoire, avec fourreaux.

17 — Deux couteaux plus petits, dont un à poignée de jade vert, avec fourreaux.

18 — Deux kamas, avec fourreaux de velours vert, et quatre fourreaux de poignards.

19 — Huit sabres, deux javelots et deux fers de lances. Perse.

20 — Fusil à silex, persan, à canon damasquiné.

21 — Crachoir en cuivre gravé et incrusté d'argent : inscriptions et personnages sur fond chargé de fleurettes. Ancien travail persan.

22 — Petit vase en cuivre gravé, orné de fleurettes disposées en spirale et d'inscriptions. Travail persan.

23 — Crachoir en cuivre gravé avec traces de dorure, décor de fleurs. Ancien travail persan.

24 — Cinq bassins variés persans, en cuivre.

25 — Deux aiguières, cuivre ajouré. Perse.

26 — Coffret à pans en cuivre gravé et incrusté. Travail persan.

27 — Deux supports de braseros, dont un articulé, cuivre. Perse.

28 — Dix-neuf petites coupes, cuivre uni. Perse.

29 — Bassin d'aiguière, cuivre gravé, à personnages. Travail persan.

30 — Bassin en cuivre gravé, présentant une zone d'inscriptions et de rosaces ; traces d'incrustations d'argent. Ancien travail persan.

31 — Bassin en cuivre gravé, orné d'inscriptions et de cavaliers. Ancien travail persan.

32 — Coupe ronde à ombilic en cuivre gravé à décor d'inscriptions persanes et koufiques. Ancien travail persan.

33 — Petit bassin en cuivre étamé, présentant une zone d'ornements. Ancien travail persan.

34 — Petit bassin, cuivre gravé. Perse.

35 — Brûle-parfums, en cuivre filigrané, fermant au moyen de feuilles mobiles. Ancien travail persan.

36 — Aiguière en cuivre gravé, à décor de quadrillés et fleurettes semées. Ancien travail persan.

37 — Grand bassin, en fer damasquiné, à personnages avec inscriptions koufiques. Il porterait le nom d'Abbas Ier, shah de Perse, qui régnait à la fin du xvie siècle.

38 — Autre bassin analogue, avec traces de dorure. Même inscription que sur le précédent.

FAIENCES DE PERSE

39 — Très importante plaque de revêtement, en ancienne faïence de Perse, présentant des fleurons et des enroulements en haut-relief émaillés bleu sur un fond à reflets métalliques chargé de menus rinceaux ; bordure étroite de petits motifs irréguliers. — Long., 80 cent. ; haut., 45 cent.

40 — Plaque de revêtement, décor bleu et rouge, fleurs, motifs réguliers et inscriptions en relief. Ancienne faïence de Perse.

41 — Plaque de revêtement, inscriptions ; décor en bleu et à reflets métalliques en relief. Ancienne faïence de Perse.

42 — Autre plaque de revêtement à inscriptions à reflets métalliques et rehauts de bleu. Ancienne faïence de Perse.

43 — Deux plaques de revêtement, ornées d'oiseaux, décor en relief à reflets métalliques, avec rehauts de vert. Ancienne faïence de Perse.

44 — Autre plaque de revêtement : dragon. Ancienne faïence de Perse.

45 — Plaque de revêtement, à inscriptions en relief, en bleu avec reflets métalliques. Ancienne faïence de Perse.

46 — Fragment de plaque de revêtement. Ancienne faïence de Perse.

47 — Fragment de plaque de revêtement, à inscriptions, en relief, décor bleu et à reflets. Ancienne faïence de Perse.

48 — Plaque de revêtement, à inscriptions en relief, décor en bleu et à reflets. Perse.

49 — Deux carreaux en forme d'étoiles, décor à reflets ; fleurs et inscriptions. Ancienne faïence de Perse.

50 — Carreau : fleurs et inscriptions ; décor bleu et à reflets. Ancienne faïence de Perse.

51 — Carreau : inscriptions ; décor bleu et à reflets. Ancienne faïence de Perse.

52 — Carreau : bélier et inscriptions, en bleu avec rehauts de reflets métalliques. Ancienne faïence de Perse.

53 — Deux petits carreaux à reflets métalliques, fleurs et inscriptions. Ancienne faïence de Perse.

54 — Bas-relief à décor d'amazones ; faïence de Perse.

55 — Plusieurs carreaux, même faïence.

56 — Fragment de carreau, fond bleu, décor à reflets métalliques. Perse.

57 — Grande coupe, décor bleu à compartiments ; faïence de Perse.

58 — Deux coupes, décor polychrome à personnages; faïence de Perse.

59 — Coupe et plateau, décor bleu, à fleurs et oiseaux; faïence de Perse.

60 — Deux vases, faïence de Perse, à décor de personnages dans des paysages : sujets de chasse,

61 — Carafe de khalian, décor bleu et or; même faïence. —

62 — Quatre flacons, même faïence, dont deux à décor bleu, et deux à couverte bleu-turquoise.

63 — Boîte à épices, décor bleu, même faïence, et petit vase, décor à reflets métalliques, sur fond bleu.

64 — Deux bols variés, faïence de Perse : réserves et décor dit grain de riz.

65 — Sous ce numéro, plusieurs petits plats et assiettes, faïence de Perse.

66 — Sept plaques de revêtement, faïence de Perse, à personnages.

67 — Seize autres, en forme de croix, et trois, en forme d'étoiles.

68 — Six autres variées.

69 — Plaque et fragment de plaque en forme d'étoile, en ancienne faïence de Perse, décor à reflets métalliques, à bordures de rinceaux bleus.

70 — Deux plaques en forme d'étoiles, ancienne faïence de Perse, décor à compartiments.

71 — Vingt-sept fragments de briques émaillées vert. Perse.

72 — Lot de salières persanes émaillées bleu.

73 — Trois coupes, faïence de Perse, dont deux à décor dit à grain de riz, l'autre à fond blanc.

74 — Compotier émaillé bleu. Faïence de Perse.

75 — Trois carafes de khalians, faïence : l'une, émaillée blanc ; l'autre, à personnages ; la troisième, marbrée. Perse.

76 — Crachoir, fleurettes. Perse.

77 — Compotier, décor de fleurs à reflets métalliques. Faïence de Perse.

78 — Vase, décor noir sur fond vert. Faïence de Perse.

79 — Plaque tombale, faïence de Perse, décor polychrome.

80 — Bouteille, à décor de rayures polychromes, et vase cylindrique, décor bleu. Faïence de Perse.

81 — Deux porte-bouquets, l'un émaillé vert, l'autre émaillé bleu. Perse.

82 — Porte-bouquet, décor de fleurs en bleu. Perse.

83 — Bouteille piriforme émaillée bleu-empois. Perse.

84 — Deux carreaux variés et deux fragments, forme étoile, décor à reflets, oiseaux et fleurs. Ancienne faïence de Perse.

85 — Deux carreaux et un fragment, forme étoile, décor à reflets ; bordures à inscriptions, fond bleu : fleurs. Perse.

86 — Carreau, oiseaux, décor à reflets; bordure à inscriptions, fond bleu. Ancienne faïence de Perse.

87 — Deux carreaux à arabesques, fond bleu. Perse.

88 — Plaque rectangulaire, vase de fleurs en relief, fond
orangé. Perse.

89 — Coupe, fleurs en couleurs, fond bleu. Perse.

90 — Compotier et petite assiette, faïence blanche translu-
cide, décor gravé sous couverte. Perse.

91 — Coupe à ombilic, arbustes, décor bleu, inscriptions à
l'intérieur. Perse.

92 — Compotier, émaillé bleu au pourtour; décor en bleu,
arbustes à l'intérieur; petit plat, animal couché, et
petite coupe, feuillages, décor bleu. Perse.

93 — Petite coupe à pied et avec couvercle, décor à reflets.
Perse.

94 — Bol, rosaces et feuilles, décor à reflets. Perse.

95 — Petit compotier, décor bleu; bol, fleurs émaillées bleu
et violet, et coupe, oiseau au fond. Perse.

96 — Boîte à épices, ronde, et coupe avec déversoir, décor
bleu. Perse.

97 — Trois crachoirs: l'un, décor bleu, fleurs et oiseaux;
l'autre, décor bleu, et le troisième, décor de lambre-
quins. Perse.

98 — Deux porte-bouquets: l'un, forme éléphant; l'autre,
en forme de crapaud. Perse.

99 — Plateau à épices, carré, à compartiments, faïence de Perse, à personnages.

PORCELAINES DE CHINE

100 — Petite bouteille émaillée bleu, et vase céladon gris. Chine.

101 — Flacon. Chine.

102 — Deux grands plats variés, décor bleu, compartiments. Ancienne porcelaine de Chine.

103 — Deux plats, décor rayonnant à fleurs, famille rose. Chine.

104 — Quatre plats longs, décor d'habitations. Indes.

105 — Coupe de khalian, décor bleu. Ancienne porcelaine de Chine.

106 — Sous ce numéro : théières, crachoirs, etc. Chine et Indes.

107 — Sous ce numéro : plusieurs coupes. Chine et Japon.

OBJETS VARIÉS DE L'ORIENT

108 — Sept étuis, décorés au vernis, à personnages. Travail persan.

109 — Plusieurs miroirs persans, vernis, bois sculptés, etc. à inscriptions et fleurs.

110 — Boîtes variées, vernis et broderies.

111 — Cinq jeux : échecs et tric-trac, avec inscriptions, incrustations à motifs géométriques. Perse.

112 — Instrument de musique en incrustations d'os à motifs géométriques.

113 — Deux calebasses gravées à inscriptions. Perse.

114 — Coupe sur piédouche en argent ciselé, ornée de sujets de chasse et d'une zone d'inscriptions. Travail persan.

115 — Trois poivrières et trois salières en argent, à décor de personnages.

116 — Coffret persan, recouvert de broderie au point de chaînette, à fleurs.

117 — Selle persane, décorée au vernis.

118 — Manuscrit hébraïque ancien.

119 — Deux boîtes à miroir persanes, décorées au vernis : personnages, et reliure persane, décorée au vernis : oiseaux et fleurs.

120 — Échiquier persan, en incrustation d'os et de nacre, avec inscriptions.

121 — Cadre de miroir, incrusté à motifs géométriques. Perse.

122 — Boîte à peigne et petit échiquier, de même travail.

123 — Porte-Koran et deux boîtes variées, de même travail.

124 — Trois boîtes en bois sculpté. Perse.

125 — Boîte contenant trois balances et divers instruments de mesure. Perse; calebasse gravée et cithare.

126 — Deux boîtes persanes en velours rouge, brodé de soie et métal.

127 — Boîte en velours violet et paillettes. Perse.

128 — Aiguière, deux carafes de khalians, et quatre gobelets, serpentine. Perse.

129 — Narghilé en cristal et argent doré. Travail turc.

130 — Carafe de khalian en verre, contenant un motif d'ornementation intérieur en verre de couleur.

131 — Khalian en argent, décoré de fleurettes. Ancien travail persan.

132 — Khalian persan en argent, avec parties émaillées bleu.

133 — Deux khalians persans variés, cuivre, avec applications d'argent.

134 — Khalian persan en cuir, avec parties en émail.

135 — Khalian persan émaillé, à fleurs, avec imitations de turquoises.

136 — Carafe de khalian, argent uni.

137 — Embouchure de tuyau de khalian, cuivre et applications d'argent.

138 — Onze têtes de khalians, tuyau de pipe et pipes. Perse.

139 — Six pièces, émail : tasse et petites plaques. Perse.

140 — Cinq tuyaux de khalians.

141 — Neuf plaques, métal verni, inscriptions. Perse.

142 — Petite plaque en albâtre et seize cuillers, bois. Perse.

143 — Reliure, cuir noir doré. Perse.

144 — Selle persane, décor au vernis.

145 — Boîte décorée au vernis : sujets de bataille. Perse.

146 — Lot de talismans en turquoise et lot de turquoises brutes.

ÉTOFFES, TAPIS

147 — Quatre petits panneaux, velours oriental ; deux rayés, deux, fond rouge.

148 — Petit panneau oriental, satin rouge brodé.

149 — Trois panneaux, châle, fond noir.

150 — Petit panneau, velours de Scutari, à décor polychrome.

151 — Plusieurs tapis et portières en drap de Recht.

152 — Sous ce numéro, pièces de vêtement, panneaux, tapis, soie et broderies, indiens, persans, cachemires, etc.

153 — Chaussures persanes.

154 à 156 — Nombreux tapis d'Orient. Seront divisés.